## Dans la même collection

**SUJETS DE SOCIÉTÉ**

Depuis que mon père est au chômage…
Pas envie d'aller à l'école
Cannabis, mieux vaut être informé
Mais pourquoi tant d'interdits ?
Pourquoi la cigarette vous tente ?
Pourquoi le 11 septembre 2001 ?
À la fois française et musulmane
Non au racket !
Votre histoire à vous, les filles
Chacun son look
La violence en direct
Vous y croyez, vous, en Dieu ?
La drogue, vous êtes tous concernés
Touche pas à mon corps
Fan Mania
La mort, c'est pas une vie !
Sauvons la planète
C'est quoi le spiritisme ?

**ÉTUDES**

Comment naissent les livres ?
Collège, mode d'emploi
On n'est pas des nuls !
Prêts pour la sixième !
J'apprends à travailler
Les années lycée…
Des ados en Europe
Je ne sais pas quoi lire !
Nous, on n'aime pas lire…

**MOI**

J'ose pas dire non !
Marre de mes kilos en trop
J'en ai assez de mon physique !
Je suis trop timide…
Et si la joie était là ?
Vous vous sentez seul…
Je ne sais pas qui je suis…
Tu t'es vu quand tu triches ?
Nous, les 11-15 ans
Ado blues…
Nous les filles…
C'est pas facile de grandir !
Réveillez-vous les mecs !
J'écris mon journal intime

**AMOUR ET AMITIÉ**

Le coup de foudre, ça existe ?
L'amitié, c'est sacré
Pas si facile d'aimer…
La sexualité expliquée aux ados
Un copain pas comme les autres…
Des mots pour dire…

**FAMILLE**

Mon père me manque
Une nouvelle famille, c'est pas facile !
Un père, c'est pour la vie
Frères et sœurs, pour la vie ?
Les miens aussi ils divorcent !
On n'est plus des bébés
Avec votre mère, c'est plus pareil

Découvrez aussi le spécial Oxygène de 256 pages, intitulé :
*Un grand bol d'Oxygène, 160 questions strictement réservées aux ados*
pour retrouver des éléments de réponse
à un grand nombre de questions que vous vous posez.

# 60 questions autour de la puberté

# 60 questions autour de la puberté

BRIGITTE BÈGUE
ILLUSTRÉ PAR FRAPAR

De La Martinière
Jeunesse

# SOMMAIRE

HALLOWEEN ?
NON, MASQUE À L'ARGILE VERTE CONTRE L'ACNÉ !
FRAPAR.

# LA PUBERTÉ EN QUESTIONS

**Un corps qui se métamorphose,** des désirs et des doutes qui naissent... Vous n'êtes plus le même et, pourtant, c'est bien vous. À la puberté, c'est un peu comme si vous naissiez une seconde fois. Françoise Dolto, une célèbre psychanalyste qui s'est beaucoup intéressée aux adolescents a appelé ce passage de l'enfance vers l'âge adulte le « complexe du homard » pour signifier que, comme ce crustacé, vous perdez votre coquille pour changer doucement de peau. Vous vous retrouvez alors à nu, ce qui vous rend très vulnérable. Ce phénomène est tout à fait normal, d'ailleurs il n'épargne aucun adolescent. Vous grandissez, c'est tout. Votre physique change, votre psychisme aussi. C'est comme une tempête qui dévaste tout sur son passage. Les changements sont si rapides parfois que vous avez du mal à suivre. Ces règles qui arrivent quand vous ne les attendez pas, ce sexe qui grandit trop vite et qui vous fait peur, ce garçon qui vous regarde autrement depuis que vous avez de la poitrine ou cette fille qui déprime de ne pas avoir d'amoureux, ces parents qui ne vous reconnaissent plus… Tout ça n'est pas toujours facile à vivre et certains adolescents se sentent totalement désarçonnés. Voici un livre pour vous aider à vous y retrouver.

01

# Quand on arrose, ça pousse !

## Croissance

### C'est quoi la puberté exactement ?

La puberté, c'est d'abord une histoire d'hormones. Jusque-là, elles étaient restées silencieuses dans votre corps. Comme la nature est bien faite, à un âge donné, ces messagers chimiques se réveillent brutalement pour agir sur tous vos organes dans un seul et unique but : vous faire devenir adulte. Avec le système nerveux, les hormones régulent l'activité de toutes nos cellules.

Elles sont donc essentielles au bon fonctionnement de votre organisme.
À la puberté, vos hormones sexuelles explosent. Grâce à elles, vos caractéristiques sexuelles vont s'affirmer. Chez les filles, il y en a deux : les œstrogènes et la progestérone. C'est grâce à ces deux hormones féminines sécrétées par les ovaires que vos seins vont se développer et que vous allez avoir vos règles. Chez les garçons, il y en a une : la testostérone. Produite par les testicules, c'est cette hormone sexuelle masculine qui fait, entre autres, que votre voix change, que vos poils poussent et que votre sexe grandit.
Dans la majorité des cas, la puberté débute entre 10 et 12 ans chez les filles mais, le calendrier étant différent pour chacun, quelques-unes attendent jusqu'à 14 ans avant de voir apparaître leurs seins. Les garçons, eux, ne se forment pas avant 12 à 14 ans. Et certains patientent jusqu'à 15 ans pour avoir un peu de barbe. Donc, ne vous inquiétez pas si vous voyez votre copain ou votre copine se développer à une vitesse spectaculaire et pas vous !
Une fois commencée, la puberté dure en moyenne de quatre à cinq ans. Heureusement pas plus longtemps car ce raz-de-marée est épuisant. D'autant qu'il n'y a pas que votre enveloppe extérieure qui se modifie, dans la tête aussi, ça bouge ! Vous n'avez plus les mêmes envies qu'auparavant et, surtout, vous sentez naître des désirs sexuels que vous avez du mal à contrôler. C'est à la fois très plaisant et très troublant.

## Quand atteindrai-je ma taille définitive ?

Tout dépend si vous êtes une fille ou un garçon. Dès qu'elles entrent dans la puberté, les filles grandissent beaucoup. Certaines prennent de 10 à 15 cm en un temps record ! Une fois leurs règles arrivées, leurs hormones reprennent un rythme normal et leur croissance ralentit, surtout quand les cycles deviennent réguliers.

Les garçons, eux, commencent à grandir après les filles puisque leur puberté est plus tardive et ils n'atteignent leur taille définitive que vers 18 à 20 ans. Il faut s'armer de patience. On a coutume de dire que tant que leurs pieds n'ont pas atteint leur pointure définitive, leur croissance n'est pas terminée. En revanche, on sait qu'elle est pratiquement finie quand leurs poils pubiens remontent jusqu'au nombril.

On estime que les filles prennent environ 20 cm entre le début et la fin de leur puberté et les garçons, 22 cm. Actuellement, la taille adulte moyenne des femmes est de 1,63 m et celle des hommes de 1,74 m. Bien sûr, la taille varie en fonction de chacun mais aussi de son hérédité familiale : si vos parents ne mesurent pas plus de 1,65 m, il y a peu à parier que vous deveniez un géant !
Pour certains d'entre vous, il se peut qu'à 14-15 ans vous n'ayez pratiquement pas grandi. Dans ce cas, mieux vaut consulter un médecin.

## Parfois, j'ai l'impression d'avoir mal aux os. Pourquoi ?

Rassurez-vous, vous n'êtes pas malade. Vous grandissez et il arrive que la croissance fasse souffrir, surtout dans la région du dos. À la puberté, vos os se développent plus rapidement que vos

muscles. Obligés de se tendre pour suivre le mouvement, ces derniers peuvent donc vous faire mal. Plus vous grandissez vite, plus les douleurs risquent d'être importantes, notamment si vous êtes une fille, car, on l'a vu, avant l'arrivée des règles, certaines grandissent d'un coup. Le poids du corps reposant sur nos jambes, les articulations des genoux et des hanches peuvent aussi vous faire un peu mal, mais, normalement, ça ne dure pas très longtemps.

Si toutefois les douleurs s'éternisaient, parlez-en à votre médecin qui vous fera sûrement faire des radiographies. De toute façon, il est bon de vérifier auprès de lui que vous ne souffrez pas de déformations de la colonne vertébrale telles que la scoliose ou la lordose. Si c'est le cas, sachez que ces troubles se guérissent facilement grâce à des exercices bien précis qu'un kinésithérapeute vous indiquera. Vérifiez, par ailleurs, que votre sac de cours n'est pas trop lourd. Sinon, allégez-le au maximum en sachant que l'idéal est qu'il ne dépasse pas 10 % de votre poids.

## Je suis souvent fatigué. Pourquoi ?

Enfant, vous vous leviez aux aurores, au grand dam de vos parents qui auraient bien aimé rester encore un peu dans les bras de Morphée. Aujourd'hui, dès que vous le pouvez, vous faites la grasse matinée et c'est eux qui voudraient bien vous réveiller ! Comme vous, 40 % des adolescents

01

scolarisés disent être fatigués. À qui la faute ? Au manque de sommeil alors que vous êtes en pleine croissance et que votre rythme scolaire est intense. On a tous besoin d'un temps minimal de sommeil et, à la puberté, ce temps s'allonge d'une heure environ. Si vous aviez besoin de dormir neuf heures, il vous faudra désormais dix heures pour être en forme. À cette période, en effet, la structure du sommeil se modifie : le sommeil lent, celui pendant lequel votre organisme recharge ses batteries, se raccourcit, tandis que le sommeil léger, dit « paradoxal », pendant lequel vous rêvez, s'allonge. Le premier remède à la fatigue est de faire une petite sieste le week-end. C'est très réparateur. Vous pouvez aussi essayer les recettes de grand-mère : boire un verre de lait ou une tisane relaxante (au tilleul ou à la verveine, par exemple) ou prendre

un bain chaud avant de vous coucher. Assurez-vous aussi de ne pas avoir trop d'activités en dehors du collège : entre la danse, le piano, les cours particuliers d'anglais... certains doivent peut-être être supprimés !
Si malgré tout votre sommeil continue à être perturbé, consultez un médecin. Il vous prescrira un petit cocktail de vitamines pour ne plus vous traîner dans la journée et des médicaments à base de plantes comme la valériane pour vous aider à vous endormir. Si après trois à quatre semaines vous vous sentez toujours très fatigué et que votre fatigue s'accompagne de morosité, il est souhaitable que vous retourniez le voir, car la fatigue intense peut être signe d'une dépression, qui nécessite des soins spécifiques.

## Pourquoi ma voix change-t-elle ?

Cela fait partie du processus normal de la puberté chez les garçons. À partir de 13-14 ans, votre voix mue car, comme votre corps, votre larynx s'élargit sous l'impulsion des hormones. Vos cordes vocales, situées à l'intérieur du larynx, vont elles aussi s'allonger et s'épaissir. En grossissant, elles vont devenir moins souples qu'avant et vibrer moins vite chaque fois que vous émettrez un son. Résultat, votre timbre de voix va devenir plus grave. On estime qu'environ un an est nécessaire pour qu'un garçon ait sa voix d'adulte définitive.
La voix des filles mue aussi mais, chez elles, cette transformation est quasi imperceptible.

02

# Tout est question d'équilibre

## Poids

### J'ai grossi. Est-ce normal ?

Tout à fait. À la puberté, on grandit et on grossit. Difficile de vous dire combien de kilos vous allez prendre, ça dépend de votre nature et de votre sexe. On estime que le poids moyen d'un garçon de 12 ans est de 38 kilos pour 1,50 m environ et celui d'une fille du même âge de 40 kilos pour 1,52 m. Rien d'anormal à cela : les filles étant pubères un peu avant les garçons, il est logique qu'elles grandissent et grossissent plus tôt. Les garçons rattraperont leur retard après ! Pour savoir si vous êtes dans la norme, demandez à votre médecin traitant de calculer votre courbe de croissance.

## Que faire quand on a un problème de surpoids ?

La première chose à faire est de consulter un nutritionniste. C'est un médecin spécialisé dans les problèmes d'alimentation qui vous apprendra à manger différemment. Sauf maladie ou hérédité familiale, si on grossit, c'est que l'on mange trop gras et trop sucré, autrement dit, c'est que l'on mange mal. Le nutritionniste vous le dira : l'essentiel est déjà de bien répartir vos apports alimentaires sur trois repas, voire quatre avec le goûter. Sauf cas exceptionnel, n'en sacrifiez aucun. En particulier, ne sautez pas le petit déjeuner ! Toutes les études sur l'obésité montrent que les enfants les plus gros sont ceux qui ne mangent pas le matin et qui compensent dans la journée par de multiples grignotages. Nourrissez-vous bien le midi (gare aux sandwichs qui calent l'estomac mais ne représentent pas un apport nutritif équilibré) et en moindre quantité le soir car vous allez stocker les graisses pendant la nuit. Pensez à avoir une alimentation variée et équilibrée. Vous pouvez manger de tout, mais raisonnablement : les frites et les viennoiseries, c'est bien une fois par semaine mais pas tous les jours ! En revanche, supprimez tous les sodas : ceux-ci contiennent en moyenne de 15 à 20 morceaux de sucre par litre !

## Pourquoi c'est bien de faire du sport ?

Pour combattre vos kilos superflus, vous devez aussi faire du sport. Tous les spécialistes l'affirment : le surpoids vient certes de ce que nous mangeons trop mais aussi de ce que nous ne bougeons pas assez, assis sur nos sièges de classe ou de bureau, devant notre télé ou notre ordinateur, dans nos voitures… Plusieurs études américaines indiquent que plus les adolescents passent de temps devant la télé, plus ils sont gros. Pensez-y ! Car plus les rondeurs s'accumulent, plus il est difficile de les perdre. Et comme dans beaucoup d'autres pays, l'obésité gagne actuellement du terrain en France, surtout chez les jeunes puisqu'on estime que 16 % d'entre eux sont en surpoids, ce qui est énorme.

Reste à savoir quel sport pratiquer… À la puberté, comme vous êtes en pleine croissance, choisissez le sport qui vous plaît le plus mais évitez de faire de la compétition avant la fin de votre développement. À cette période, vos os grandissent plus vite que vos muscles – qui sont fixés à eux. Si vous forcez trop, vous risquez de créer des tensions musculaires et de souffrir de déchirures. À votre âge, sauf si vous voulez devenir des champions, les médecins recommandent de quatre à cinq heures de sport par semaine. Ce qui est déjà beaucoup ! Si vraiment ça vous barbe, pensez que la marche rapide peut être un bon compromis : vingt minutes par jour suffisent à garder la pêche.

OUF!.. JUSTE
À L'HEURE !
ZAP!
F.

# 03 Monsieur Muscles

## Le corps des garçons

### Il est fait comment, le sexe des garçons ?

À la différence de celui des filles, le sexe des garçons se voit. Il suffit donc de le regarder pour le comprendre. Il se compose du pénis (on l'appelle aussi verge) et des testicules. À la puberté, ces organes grossissent pour devenir comme ceux d'un adulte. Ils sont prêts pour l'acte sexuel. Quand un garçon est très excité, son pénis se gonfle de sang, s'allonge et devient rigide. C'est l'érection. Ce phénomène lui permet de pouvoir faire l'amour. À

l'extrémité du pénis se trouve le gland, recouvert d'une peau qui le protège, le prépuce (sauf pour les garçons circoncis à qui on a enlevé cette petite peau, pour des raisons religieuses). Quand le pénis est en érection, le prépuce se découvre pour laisser apparaître le gland. À l'intérieur de la verge se trouve un canal, appelé urètre, qui sert de passage à l'urine et au sperme produit dans les testicules. Ceux-ci, situés en dessous de la verge, sont enveloppés dans un sac qui s'appelle le scrotum (on parle aussi des bourses). Ils sont situés à l'extérieur du corps car, pour continuer à fabriquer du sperme, ils doivent rester à une température inférieure à 37 °C.
Enfin, n'oubliez pas, votre sexe a besoin d'une bonne hygiène quotidienne : vous devez le laver tous les jours à l'eau et au savon doux, en retroussant votre prépuce pour bien nettoyer votre gland et éviter que des microbes ne viennent s'y nicher.

## Ça sert à quoi, les testicules ?

Ces deux petites boules sont très importantes puisqu'elles servent à fabriquer l'hormone masculine, la testostérone, et les spermatozoïdes qui font que vous pourrez être papa un jour. À la puberté, les testicules grossissent progressivement pour atteindre en moyenne 4 cm de long et 2,5 cm de large. Si vous observez qu'ils ne sont pas tout à fait identiques, rassurez-vous : les testicules sont rarement symétriques. La majorité des hommes en ont ainsi un un peu plus gros ou un peu plus haut que l'autre.

En revanche, il arrive que les testicules aient tendance à remonter légèrement dans le bas-ventre alors qu'ils devraient être placés juste en dessous. C'est le signe d'une petite anomalie : pendant la grossesse, les testicules se forment dans le ventre de l'embryon et en descendent doucement pour se fixer dans les bourses (scrotum), au niveau de l'aine. Mais, pour des raisons qu'on ignore, il se peut que la descente ne se fasse pas bien. Il faut alors consulter un médecin. Avant la puberté, un traitement médical peut tout remettre en ordre. Après, il vous faudra subir une légère intervention qui consiste à les replacer là où il faut. Dans tous les cas, l'intervention n'est pas grave et n'empêche en rien d'avoir par la suite des rapports sexuels et des enfants.

## Pourquoi faut-il y faire attention ?

Les testicules, ou « parties », sont fragiles : si vous pratiquez un sport comme le rugby ou le judo, portez une coquille pour les protéger des coups. En cas de choc, mettez-vous en position semi-assise et posez une poche de glace ou un plastique avec de l'eau et quatre ou cinq glaçons, enveloppés dans une serviette, sur vos testicules pendant quinze minutes. Cela permettra de diminuer l'œdème ou l'hématome. Ensuite, allez chez le médecin de toute urgence pour vérifier que vous n'avez pas de fracture, c'est-à-dire une rupture de l'enveloppe du testicule à l'intérieur du scrotum. C'est douloureux et ça peut être grave. Si tel est le cas, il vous faudra subir une intervention chirurgicale pour remettre le contenu du testicule dans son enveloppe ; elle doit être réalisée dans les six heures qui suivent le traumatisme. À défaut, le testicule ne pourra plus jamais produire de spermatozoïdes. Vous ne serez pas stérile pour autant puisque votre second testicule continuera à en fabriquer, mais mieux vaut mettre toutes les chances de son côté.

Sachez par ailleurs que vos testicules sont reliés à votre ventre par un cordon contenant des vaisseaux sanguins qui servent à les oxygéner. Si ce cordon se tord, le sang ne passe plus, cela fait très mal et, après douze heures, le testicule meurt. Les garçons les plus exposés à une torsion des testicules sont ceux dont le cordon est court et dont les testicules ont tendance à remonter vers le ventre. Une opération chirurgicale peut vous permettre de mieux les fixer et d'être tranquille.

## Qu'y a-t-il dans le sperme ?

Comme son nom l'indique, des spermatozoïdes. Les garçons commencent à en fabriquer en général vers 14-15 ans. Chaque testicule en produit 500 millions par jour. Quand vous éjaculez, votre

sperme en contient environ 300 millions mais un seul réussira à féconder l'ovule de votre partenaire pour faire un bébé ! Vos glandes sexuelles (les vésicules séminales et la prostate qui se situent juste sous votre vessie) fabriquent aussi un liquide clair et visqueux qui sert de nourriture aux spermatozoïdes pour les aider à arriver jusqu'à l'ovule. Ce liquide séminal se mélange ensuite au sperme, juste avant l'éjaculation.

Si un jour vous remarquez un peu de sang dans votre sperme, ne vous alarmez pas, c'est sans doute un petit vaisseau qui a éclaté. Mais si ce trouble persiste et qu'en plus ça vous brûle en urinant, mieux vaut consulter un médecin : vous avez peut-être une infection urinaire qu'il faut soigner avec des antibiotiques.

# 04 Il est à moi, ce corps ?

## Le corps des filles

### Et vous les filles, il est comment, votre sexe ?

Le sexe des filles est plus difficile à comprendre que celui des garçons. À l'extérieur se trouve la vulve, qui est composée de deux paires de lèvres : les grandes, que l'on voit bien car elles forment deux replis de chair sous lesquels se cachent les petites lèvres. Ces dernières abritent le clitoris, sorte de petit morceau de chair qui dépasse de quelques millimètres et qui procure du plaisir lorsqu'on le caresse. Pour supprimer la jouissance des femmes justement, certains pays pratiquent l'excision : le clitoris est intégralement ou partiellement coupé. De nombreuses associations se battent contre une telle mutilation qui fait souffrir et assujettit les femmes.

Les filles peuvent aussi avoir du plaisir grâce à leur vagin, qui est très sensible. Celui-ci se trouve à l'intérieur du corps, entre le clitoris et l'anus. C'est un muscle qui mesure en moyenne de 7 à 10 cm de profondeur, dont l'extrême souplesse permet la pénétration du pénis lors d'un rapport sexuel. Son entrée est protégée par une membrane très fine appelée hymen. Lorsqu'on fait l'amour pour la première fois, l'hymen se rompt et on peut saigner très légèrement. Une fille que l'on dit vierge est une fille dont l'hymen est intact.

Le vagin conduit au col de l'utérus puis à l'utérus. À la puberté, celui-ci grossit et prend la forme d'une poire. C'est dans l'utérus que se développent les bébés quand une femme est enceinte.

## J'ai mal aux seins. C'est normal ?

Quand leurs seins poussent, certaines filles ressentent des douleurs. Dans un premier temps, le mamelon et le téton grossissent puis l'aréole, qui entoure le téton, s'élargit et devient plus foncée. Tous ces événements sont normaux mais, si vous avez un peu mal, c'est à cause de vos hormones et, notamment, des œstrogènes qui ont une action importante sur la glande mammaire. Au moment de la puberté, ils peuvent entraîner la formation d'un fluide dans la poitrine qui les rend tendus et douloureux. Quand votre poitrine aura fini de se développer, tout rentrera dans l'ordre.

Il se peut aussi que vous ayez un peu mal aux seins juste avant vos règles. C'est normal : beaucoup de filles ont ce problème et, là encore, c'est à cause des hormones qui s'activent pour permettre une éventuelle grossesse. Rassurez-vous, une fois vos règles terminées, vous ne souffrirez plus. Au fur et à mesure que votre poitrine va se développer, vous vous apercevrez peut-être que vos deux seins ne sont pas tout à fait semblables. Ne vous inquiétez pas, c'est courant : une femme sur quatre à l'âge adulte a un sein un peu plus fort que l'autre. Si vous êtes droitière, ce sera sans doute le droit. Si vous voulez y remédier, faites travaillez votre bras gauche pour tonifier un peu votre sein gauche.

## Faut-il porter un soutien-gorge tous les jours ?

Les seins sont fragiles même quand ils sont petits : ils ne sont maintenus que par un réseau de ligaments reliés à la peau. Au fil du temps, ces derniers finissent par s'étirer, votre peau se distend et vos seins avec. Le port du soutien-gorge permet de ralentir ce phénomène. Il est d'autant plus utile que votre poitrine est forte ou que vous faites du sport car, dans ces deux cas, les ligaments peuvent s'endommager sous l'effet du poids des seins ou de celui de certains mouvements répétés et violents.

Pour connaître votre taille de soutien-gorge, mesurez votre torse juste au-dessus des seins (sous les aisselles, en somme) et ajoutez 12 cm au chiffre trouvé. Exemple : si votre buste mesure 63 cm +

12, vous faites du 75. Si vous arrivez à un total de 78, arrondissez à 80 car les tailles vont de 5 cm en 5 cm : 75, 80, 85, 90, 95, etc. Ensuite, il vous faudra déterminer la taille du bonnet qui est symbolisée par des lettres : A, B, C, etc. Elle est fonction du volume de vos seins : plus ils sont gros, plus vos bonnets devront être profonds et plus la lettre sera élevée. Vous ferez du 80 A si vous avez une petite poitrine, du 80 B si vous en avez une un peu plus grosse… Ensuite, à vous de choisir le modèle qui vous plaît le plus. Le principal est que vous soyez bien maintenue sous la poitrine et sur les côtés, sans être comprimée ni gênée par les armatures.

## J'ai des pertes blanches. Qu'est-ce que c'est ?

Les pertes blanches ont deux origines. Elles viennent soit du col de l'utérus (dans ce cas, il s'agit d'un liquide transparent qui s'appelle la glaire et qui sert au transport des spermatozoïdes vers l'ovule), soit du vagin, quand, après une ovulation non fécondée, vous vous préparez à avoir vos règles. C'est pour cette raison que les pertes blanches se produisent souvent avant les règles. Si elles vous incommodent, mettez un protège-slip que vous pourrez changer facilement dans la journée.

Normalement, les pertes blanches sont inodores ; si vos pertes dégagent une odeur forte, il faut donc que vous consultiez un gynécologue : c'est peut-être le signe d'une petite infection due à un champignon. Le plus fréquent est le *Candida albicans* que l'on retrouve un peu partout dans l'organisme, y compris dans le vagin. Cette infection se soigne facilement grâce à un traitement local et ne laisse pas de séquelles, mais elle nécessite des soins car, en se développant, elle pourrait se transmettre au système urinaire tout proche et provoquer une inflammation de la vessie et des reins. Pour limiter les risques de récidive, portez des sous-vêtements qui sont lavables à 60 °C – le champignon ne résistera pas à cette température – et utilisez un savon au PH neutre, moins agressif pour votre muqueuse que ceux qui sont parfumés ou qui contiennent de l'alcool. Et surtout, ne faites pas de douche vaginale en pensant que cela va bien vous nettoyer, cela ne sert à rien. Ce n'est pas parce que vous avez des pertes blanches que votre vagin est sale et, à trop vouloir le décaper, vous risqueriez d'agresser votre muqueuse.

# 05 Encore pour nous, les filles !

## Règles

### Les règles, ça vient de quoi au juste ?

Tous les mois, le taux d'œstrogènes et de progestérone (les deux hormones féminines) augmente pour favoriser une éventuelle grossesse. Sous leur influence, un de vos deux ovaires (situés au-dessus de votre utérus) libère un ovule destiné à être fécondé par un spermatozoïde lors d'un rapport sexuel. Mais s'il n'y a pas de fécondation, le taux d'hormones chute et l'utérus arrête alors sa maturation. Des petits débris de la muqueuse utérine

accompagnés de sang tombent : ce sont les règles. Tous les mois, c'est le même processus. Voilà pourquoi, quand vous serez enceinte, vous n'aurez plus vos règles.
Selon les adolescentes, les règles durent de cinq à huit jours et sont plus ou moins abondantes. Un cycle « normal » dure environ 28 jours. Mais toutes les filles ne sont pas réglées de la même manière : certaines ont des cycles de 26 jours, d'autres de 30 jours. Au milieu du cycle, il y a l'ovulation. C'est la période pendant laquelle vous êtes féconde : si vous avez un rapport sexuel à ce moment-là, vous pouvez être enceinte. L'ovulation dure environ six jours : c'est le temps qu'il faut aux trompes de Fallope (conduits qui se trouvent sous vos ovaires) pour transporter l'ovule vers votre utérus afin qu'il puisse rencontrer un spermatozoïde. L'ovulation débute environ au 14$^{e}$ jour du cycle, une fois que l'ovule fabriqué par les ovaires est à maturité pour être fécondé. Mais chez certaines filles, elle commence avant. Et n'oubliez pas : un cycle débute le premier jour et non le dernier jour des règles !

## À quel âge vais-je avoir mes règles ?

Votre copine les a déjà à 11 ans, et vous, à 13 ans, vous n'avez toujours rien. À chacune son rythme ! La venue des règles est déclenchée par les œstrogènes. Ce sont eux qui stimulent vos organes sexuels, en particulier l'utérus et les seins. Notre corps en fabrique depuis notre naissance mais, à la puberté, il faut qu'il en produise beaucoup plus pour que vous puissiez être réglée. C'est pourquoi toutes les filles n'ont pas leurs règles en même temps. À titre indicatif, sachez que les filles ont leurs règles en moyenne vers 13 ans, deux ans en général après l'apparition des seins, mais cet âge varie d'un continent à l'autre (les petites filles africaines, par exemple, ont leurs règles plus tôt que les petites Européennes). Pour vous repérer, demandez à votre mère à quel âge elle les a eues : il est probable que vous soyez réglée au même âge car il entre souvent une part d'hérédité familiale dans la puberté.

Si vous n'avez pas vos règles à 15 ans et que vous êtes inquiète, vous pouvez consulter un gynécologue pour vous rassurer, mais sachez qu'il n'y a encore rien d'anormal. Votre organisme prend son temps, c'est tout. En revanche, si à 17 ans vous ne les avez toujours pas, n'hésitez pas à consulter pour

comprendre ce qui se passe. Dans la majorité des cas, il s'agit d'un léger trouble hormonal qui se soigne parfaitement bien.

## Est-ce que ça fait mal ?

Environ la moitié des filles ont des règles douloureuses, surtout à la puberté. Ces douleurs – dont le terme médical est dysménorrhée – sont dues aux contractions de l'utérus qui travaille pour acheminer le sang vers le vagin. Elles sont variables selon les filles mais il s'agit le plus souvent de crampes abdominales, de migraines ou de nausées. Parfois, ces douleurs sont tellement handicapantes que les règles sont le premier motif d'absentéisme au collège ! Si vos douleurs ne sont pas trop importantes, vous pouvez prendre du Doliprane® ou un médicament antidouleur type Nurofen®, ça suffira à les calmer. En revanche, ne prenez pas d'aspirine car elle fluidifie le sang et vous risquez de saigner davantage. En cas de douleurs rebelles, vous pouvez aussi prendre des anti-inflammatoires (médicaments réduisant les irritations) dont la plupart ont aussi une action antidouleur et des antispamodique (le plus couramment utilisé est le Spasfon®). Ceux qui calment le plus rapidement sont les suppositoires. Dans tous les cas, dès que vous sentez les douleurs arriver, prenez vos médicaments et allongez-vous au calme, si vous pouvez. Posez une bouillotte sur votre ventre ou prenez un bain bien chaud, cela vous détendra.

Certaines femmes se sentent également épuisées pendant leurs règles en raison d'une carence en fer. Cela arrive souvent quand on a des règles abondantes car on perd beaucoup de sang et, avec lui, le fer qui est dedans. Pour pallier ce problème, il faut prendre des compléments alimentaires à base de fer au moment des règles.

## Je suis très fatiguée avant mes règles. Est-ce normal ?

Oui ! Quelques jours avant l'arrivée de vos règles (jusqu'à une semaine avant), vous pouvez vous sentir un peu bizarre, à la fois fatiguée, déprimée et ballonnée. Le terme médical pour désigner cet état est « syndrome prémenstruel ». Après l'ovulation, vos hormones sexuelles sont quelque peu chamboulées par le travail qu'elles ont fourni pour produire un ovule : les œstrogènes sont moins nombreux tandis que la progestérone augmente

MAMAN, TU N'AS PAS FAIT D'ÉPINARDS ?!
OH, ZUT ! TU N'AS PAS ACHETÉ DE L'EAU FERRUGINEUSE !!
BON, TU ME FERAS UN MOT D'EXCUSE... POUR CARENCE EN FER !!
FRAPAR

pour permettre à cet ovule d'être fécondé par un éventuel spermatozoïde. C'est ce déséquilibre qui vous rend patraque. C'est à cause de lui aussi que vos seins gonflent et vous font un peu mal. Certaines filles ont également plus de ventre avant leurs règles car elles font de la rétention d'eau, c'est-à-dire qu'elles gardent l'eau qu'elles boivent et celle contenue dans les aliments au lieu de l'évacuer par les urines comme d'habitude. Ce phénomène peut entraîner une petite prise de poids de l'ordre de 1 kilo, surtout si, comme cela arrive pour certaines, vous êtes obligée de manger davantage pour être en forme. Rassurez-vous : dès que les règles arrivent, ces symptômes empoisonnants disparaissent. Jusqu'au mois suivant…

## Mes règles sont irrégulières. C'est grave ?

Si vous avez vos règles une fois sur deux ou huit fois sur douze pendant la première année, ne vous inquiétez pas, c'est tout à fait normal. Au début, il faut que votre corps s'adapte aux changements et il arrive que les œstrogènes, qui aident vos ovaires à produire un ovule, ne trouvent pas leur vitesse de croisière. En général, les règles se régularisent en à peu près deux ans.

Si trois ans après vos premières règles, vos cycles sont toujours irréguliers, consultez un gynécologue. Il vous fera faire une échographie des ovaires (lors de cet examen, un petit appareil à ultrasons posé sur votre ventre reproduit l'image de l'organe qu'on explore sur un écran) ainsi qu'un bilan hormonal pour vérifier, notamment, que vous ne manquez pas de progestérone.

Surtout, n'oubliez pas que dès l'apparition de vos règles, même si elles sont encore très irrégulières, vous êtes susceptibles d'être enceinte ! Alors, ne prenez pas de risques.

## Je n'ai plus mes règles. C'est inquiétant ?

On l'a vu, les règles sont déclenchées par des hormones. Or les glandes qui les fabriquent sont très sensibles aux chocs émotionnels, et particulièrement aux angoisses et au stress. Si vous n'avez plus vos règles, il vous faudra donc chercher du côté de votre psychisme !

Il suffit que vous passiez un examen important, que vous ayez un gros chagrin d'amour ou une terrible contrariété, ou même que vous voyagiez, pour qu'elles produisent moins d'hormones et que vos règles s'arrêtent. Les régimes et les pertes de poids sont également responsables de ce problème.

En général, une fois le bouleversement psychologique passé, le système hormonal se régule et les règles reviennent rapidement. Si ce n'est pas le cas après deux ou trois mois et que vous êtes sûre de ne pas être enceinte, il faudra consulter un gynécologue. De même, si vous avez des saignements en dehors de vos règles, vous souffrez peut-être d'une irritation du col de l'utérus et il vaut toujours mieux consulter et s'assurer de votre état.

## Faut-il mettre des tampons ou des serviettes ?

Certaines filles ne peuvent pas se passer de tampons, d'autres sont des inconditionnelles des serviettes hygiéniques. Si vous ne savez pas quoi choisir, testez les deux pour vous faire une idée. Vous trancherez ensuite en sachant que vous pouvez passer de l'un à l'autre sans problème, le principal étant d'être le plus à l'aise possible en toutes circonstances. Les tampons sont très pratiques car ils sont invisibles sous les vêtements. Ils permettent de faire du sport et de bouger dans tous les sens sans craindre d'être gênée alors que, à force de mouvements, les serviettes peuvent plisser et glisser. Au début des règles, beaucoup de filles hésitent à utiliser des tampons car l'idée d'introduire un

corps étranger dans leur vagin les effraie un peu. Contrairement à ce que vous pensez parfois, vous pouvez utiliser les tampons dès vos premières règles. Si vous êtes bien détendue, vous réussirez à les placer sans problème en suivant bien le mode d'emploi. C'est juste une habitude à prendre !
Certaines adolescentes préfèrent les serviettes car les tampons irritent leur muqueuse ou les gênent. D'autres alternent : tampons dans la journée et serviettes la nuit. Comme pour les tampons, il existe aujourd'hui un grand choix de serviettes dont la plupart sont super-fines et très absorbantes. Pour garder une bonne hygiène toute la journée pendant vos règles, changez régulièrement votre protection et lavez-vous bien à l'eau et au savon doux le matin et le soir avant d'aller vous coucher. Cela suffira, les règles ne sont pas sales !

# Comment leur faire la peau...

## Boutons

06

### Pourquoi a-t-on de l'acné à la puberté ?

Les boutons empêchent bel et bien de voir la vie en rose à l'adolescence ! Un véritable cauchemar pour la majorité d'entre vous puisque huit jeunes sur dix en souffrent : l'acné affecte 60 % des jeunes de 12 ans et 95 % de ceux de 18 ans. Encore une fois, les grandes responsables sont les transformations hormonales. À la puberté, que vous soyez une fille ou un garçon, vous vous mettez à produire un maximum de testostérone, une hormone

mâle. Sous son influence, vos glandes sébacées situées sous la peau, à la base des poils, vont fabriquer beaucoup plus de sébum qu'auparavant, cette substance grasse que vous sentez sur votre visage quand vous le touchez et qui l'empêche de se dessécher au contact du vent, du froid, du soleil et de la pollution. Si le sébum s'écoule normalement, il n'y a pas de soucis. Malheureusement, quand il y en a beaucoup, il ne peut s'évacuer et finit par boucher les pores de votre peau. De petites poches de gras se forment alors sous votre épiderme et gonflent progressivement. Résultat : vous allez voir apparaître des points noirs (médicalement appelés comédons) sur votre visage. Ils signifient que le sébum commence à s'oxyder. C'est le début de l'acné. Celle-ci s'attaque principalement au visage en débutant par les ailes du nez, le nez et le front car c'est là qu'on a le plus de glandes sébacées. Dans les cas les plus sévères, elle peut gagner le cou, les épaules et le décolleté.

## Comment s'en débarrasser ?

Tout dépend de la nature de votre peau. Il existe plusieurs formes d'acné, des légères et des plus graves. Si vous n'avez que quelques boutons par-ci, par-là, à peine visibles, le respect de quelques règles élémentaires d'hygiène peut suffire à vous aider. Lavez-vous bien le visage matin et soir et essuyez-vous la peau avec une serviette propre que vous changerez régulièrement. Organisez-vous une trousse de toilette avec au choix un savon doux, un pain dermatologique sans savon ou un gel nettoyant antisébum, et une crème hydratante. Certaines lotions astringentes peuvent aussi apaiser

l'épiderme car elles ont la particularité d'absorber l'excès de sébum, mais il faut les choisir sans alcool sinon elles risquent d'être trop irritantes et d'assécher votre peau.

Un autre conseil : surtout ne triturez pas vos boutons avec vos doigts, même si vous en avez terriblement envie. En essayant de les percer, vous risquez de faire des marques sur votre visage au point de garder des cicatrices et de les infecter davantage. En revanche, vous pouvez vous faire un masque à l'argile verte une fois par semaine : ça purifie les pores. Vous en trouverez des prêts à l'emploi dans de nombreux magasins. On les pose, on attend de dix à quinze minutes et on les retire. Ils conviennent à la fois aux filles et aux garçons. Vous pouvez aussi essayer les patchs. Il faut les coller sur la peau, les laisser de deux à trois minutes et les enlever : en adhérant au patch, les points noirs disparaissent de votre visage. Comme ceux-ci ont la fâcheuse habitude de réapparaître régulièrement, vous devez renouveler l'opération une ou deux fois par mois. Une fois par semaine, le soir, vous pouvez aussi enduire votre visage d'huile d'amande douce, c'est parfait pour dégraisser la peau sans l'agresser. Pour parachever le tout et avoir une peau de rêve, faites une cure de zinc, un oligoélément que l'on absorbe par voie orale. C'est un allié indispensable de la peau : il favorise la cicatrisation des boutons et permet de lutter contre leur infection. Vous pouvez en prendre également si vos ongles sont cassants, dédoublés ou tachés et si

06

vous perdez vos cheveux. Ne vous privez pas d'huîtres si vous les aimez, de foie de veau et de viande de porc car c'est dans ces aliments qu'il y a le plus de zinc.

## Et si, malgré ça, j'ai toujours des boutons ?

L'acné a beau être un trouble très fréquent, elle est parfois difficile à combattre. Si vos boutons deviennent rouges, gros et douloureux, c'est que les poches de sébum se sont percées et qu'au contact d'une bactérie qui se trouve naturellement

sur notre peau, les points noirs se sont infectés. La seule chose à faire dans ce cas est de consulter un dermatologue, un médecin spécialisé dans les maladies de la peau.
Pour commencer, il vous fera sûrement un nettoyage de peau en perçant vos points noirs un par un à l'aide d'une petite pince. Puis, il vous prescrira un traitement de fond, composé d'une pommade antiseptique ou antibiotique pour détruire les microbes qui sont à l'origine de vos boutons et d'une crème hydratante qui sert à prévenir leur apparition. Pendant toute la durée du traitement, vous devez éviter au maximum de vous exposer au soleil, car ce type de médicament peut provoquer un gros coup de soleil ou une tache sur votre peau.
Ce traitement est généralement bien toléré mais il faut attendre de deux à trois semaines avant que les premiers résultats soient visibles. Si votre médecin vous prescrit ce traitement pour une durée de trois mois, ne l'interrompez surtout pas avant cette date, même si vos boutons ont disparu. Vous verriez votre acné refaire surface… et tout serait à recommencer !

## Quel traitement contre l'acné sévère ?

Si votre acné ne diminue toujours pas, votre dermatologue vous prescrira sans doute du Roaccutane®, un médicament qui contient une molécule, l'isotrétinoïne, un dérivé de la vitamine A. Cette vitamine est très importante pour la peau : elle la protège et renforce sa résistance aux agressions, elle accélère aussi sa cicatrisation. Le Roaccutane est très efficace : dans 80 % des cas, après six mois de traitement, les boutons disgracieux ont disparu et la peau est redevenue douce. Sa prise suppose une surveillance médicale stricte car elle peut s'accompagner d'effets secondaires : assèchement de la peau, des lèvres et des yeux, démangeaisons, saignements de nez, migraines, augmentation du cholestérol... Il faut donc bien surveiller ces symptômes et faire une prise de sang tous les trois mois pour vérifier que tout va bien. Les filles en particulier doivent faire très attention car si elles sont enceintes pendant le traitement, leur bébé risque de souffrir de graves malformations. Une pilule contraceptive est donc prescrite à toutes celles qui sont en âge d'être maman un mois avant le début du traitement, et la prise doit être maintenue un mois après l'arrêt de celui-ci. En rédigeant l'ordonnance, le médecin vous fera signer un papier prouvant que vous avez été bien informé(e) et que vous êtes d'accord. Le Roaccutane® est prescrit en général pour six mois.

Si vous êtes une fille et que vous faites partie des 20 % pour lesquelles ce médicament est inefficace, une micropilule peut également vous être prescrite. En bloquant le fonctionnement de l'ovaire (pour qu'il n'y ait pas d'ovulation et donc pas de grossesse), elle supprime également l'activité de l'hormone mâle, la testostérone, responsable de l'excès de sébum.

# Ils n'en font qu'à leur tête !
## Cheveux

07

### J'ai les cheveux gras. Que puis-je faire ?

Il arrive souvent que l'on ait les cheveux gras à l'adolescence parce que, sous l'effet de la testostérone, les glandes sébacées du cuir chevelu se mettent à fabriquer trop de sébum. Vous les lavez et, deux jours plus tard, vos racines collent déjà. Le premier remède pour lutter contre ce phénomène inesthétique est de vous laver les cheveux à l'eau tiède deux fois par semaine avec un shampooing

spécial « cheveux gras » qui va absorber le sébum comme une éponge. Les meilleurs sont ceux au bois de Panama, à l'huile de cade, à l'ortie blanche et à l'argile douce. En revanche, évitez de vous laver les cheveux tous les jours, même avec un shampooing pour usage fréquent : le cuir chevelu a besoin d'un peu de sébum pour nourrir vos cheveux et, si vous les nettoyez quotidiennement, vos glandes sébacées s'activeront encore plus pour lui en fournir. Vous obtiendrez donc le résultat inverse de celui que vous recherchiez !
Lorsque vous vous lavez les cheveux, massez votre cuir chevelu tout doucement. Si vous le faites trop énergiquement, vous stimulerez vos glandes séba-

cées qui, là encore, se mettront à produire plus de sébum. Après chaque shampooing, rincez-vous les cheveux à l'eau froide, ça les rendra plus toniques. Si vous pouvez, laissez-les sécher à l'air libre. À défaut, ne placez pas le sèche-cheveux trop près de votre tête : sinon vos cheveux s'assécheront tellement vite que votre cuir chevelu devra une fois de plus leur fournir du sébum très rapidement.

Enfin, on n'en parle pas assez souvent mais l'alimentation peut aussi être à l'origine du phénomène des cheveux gras. Ne mangez pas trop de matières grasses contenues dans la charcuterie, le beurre, la crème si vous ne voulez pas qu'elles ressortent par votre chevelure !

## Les pellicules, ça vient de quoi ?

Les pellicules sont de minuscules peaux mortes qui proviennent du cuir chevelu. On en a tous un petit peu mais, la plupart du temps, ça ne se voit pas. En revanche, si vous apercevez plein de particules blanches sur vos épaules ou que votre tête vous démange, c'est qu'il y en a beaucoup et qu'il faut agir. Les causes des pellicules peuvent être : vos cheveux gras, le stress, la fatigue, mais aussi un champignon microscopique, le *Pityrosporum* ovale. Pour vous débarrasser de ce dernier, utilisez un shampooing antipelliculaire contenant un produit antifongique (qui combat les champignons). La capucine, le myrte, l'huile de malaleuca sont des antifongiques naturels. Si vos pellicules sont vraiment rebelles et que, malgré l'utilisation d'un shampooing antipelliculaire, vous ne parvenez pas à vous en débarrasser, consultez un dermatologue qui vous prescrira un traitement adapté.

# Y'a comme une drôle d'odeur

## Transpiration

08

### Je transpire beaucoup. Pourquoi ?

En soi, la transpiration est une bonne chose car elle permet de maintenir la température de votre corps à 37 °C et d'éliminer les toxines. Ce sont nos glandes sudoripares (on en a 3 millions) qui produisent la sueur. On transpire quand on a chaud ou quand on fait des efforts pour baisser la température de notre corps, quand il fait froid dehors et que l'on s'est trop couvert, mais aussi lorsqu'on est sous le coup d'une émotion. Et, à la puberté, les chocs émotionnels, les joies, les peines, les angoisses… vous submergent souvent. Conclusion, vous transpirez plus qu'auparavant.

Chez certaines personnes, la sueur dégage une odeur forte et désagréable. Si c'est votre cas, veillez en premier lieu à avoir une bonne hygiène corporelle et à respecter une règle de base : lavez-vous tous les jours ! Nettoyez-vous bien les aisselles et les pieds, mais aussi les organes génitaux. Évitez aussi de porter des vêtements en tissu synthétique, ils ne laissent pas bien respirer la peau et favorisent la sudation. Préférez le coton, y compris pour vos sous-vêtements.

Si malgré votre hygiène irréprochable vous continuez à transpirer à grosses gouttes, il vous faudra consulter un dermatologue. La transpiration excessive peut être le signe d'un dérèglement de l'hypothalamus, une région du cerveau qui commande nos hormones. Des traitements plus ciblés existent qui permettent de régler ce problème.

## Il existe de nombreux déodorants. Lequel choisir ?

En Égypte, les pharaons se frictionnaient avec des onguents à l'encens ; quant aux Romains, ils plaçaient des sachets d'aromates ou des flocons d'avoine bouillie sous leurs bras. Aujourd'hui, on dispose de tellement de produits qu'on ne sait plus lequel choisir. Pour vous guider, sachez qu'il existe des déodorants et des antitranspirants. Pour les différencier, lisez bien l'étiquette du flacon. Les premiers masquent les odeurs mais n'agissent pas sur la transpiration, les seconds la stoppent car ils contiennent du sel d'aluminium qui a la propriété de resserrer les pores de la peau et l'orifice des glandes sudoripares par lequel s'écoule la sueur. Toutefois, certains dermatologues déconseillent l'utilisation des déodorants et proscrivent celle des anti-

transpirants : ils considèrent en effet que la transpiration est un phénomène naturel et utile qu'il ne faut pas bloquer. En outre, certains chercheurs se demandent si des substances comme les parabènes, utilisées comme conservateurs dans certains déodorants, ne pourraient pas favoriser le cancer du sein. Il n'y a cependant à ce jour aucune preuve de cela. Si vous ne désirez pas utiliser de déodorant, une autre solution peut être d'utiliser du talc, naturel ou parfumé, sous les aisselles pour emprisonner la sueur sans danger.

## Et pour les pieds, je fais comment ?

À l'intérieur des chaussures, la transpiration est encore plus ennuyeuse qu'ailleurs car elle reste enfermée et ne peut s'évacuer. Vos pieds sont humides et finissent par sentir mauvais au contact du moindre parasite que la sueur rencontre sur votre peau.

Pour éviter ces désagréments, portez des chaussures ou des baskets dont l'intérieur est en cuir ou en toile : les matières naturelles laissent plus passer l'air que les matières synthétiques. Ensuite, portez des chaussettes 100 % coton et changez-en tous les jours. Nettoyez-vous les pieds avec un savon doux et de l'eau tiède aussi souvent que vous le pouvez, c'est-à-dire au moins le matin et le soir, en prenant bien soin de vous savonner entre les orteils, puis séchez-les bien car la moiteur favorise les champignons et les mycoses.

Pour réduire les mauvaises odeurs, vous pouvez aussi talquer vos pieds, enduire l'intérieur de vos chaussures de poudre anti-odeur et porter des semelles qui absorbent la transpiration. Il existe également des produits pour se laver les pieds (désinfectant liquide, lotion antibiotique, etc.) qui aident à réduire la transpiration. Vous n'avez pas besoin d'ordonnance médicale, ils sont en vente libre dans les pharmacies. Enfin, dès que vous le pouvez, enlevez vos chaussures et marchez les pieds à l'air, l'idéal étant de porter des tongs quand vous êtes chez vous. Vos pieds sont comme vous : ils ont besoin de respirer car ils étouffent.

# 09 L'homme descend du singe

## Pilosité

### Dois-je m'épiler ou me raser ?

Il n'y a pas de règles. Tout dépend de votre pilosité et de la gêne qu'elle vous occasionne. Le rasoir et la crème dépilatoire sont pratiques car ils enlèvent le poil en quelques minutes, mais ce dernier repousse très rapidement (dans les deux à trois jours) et de façon plus drue. Dans la mesure du possible, cela doit donc rester une solution d'urgence. Si vous choisissez d'utiliser une crème, faites un essai sur une petite zone de votre corps pour vérifier que vous ne réagissez pas mal au produit. Si dans l'heure qui suit l'application de la crème sur votre peau, celle-ci devient rouge, gonfle ou vous démange, vous êtes allergique et cette méthode ne vous convient pas. La cire ou l'épilateur électrique sont recommandés en cas de pilosité abondante car ils permettent d'arracher le bulbe et le poil repousse donc moins rapidement. Vous êtes tranquille de deux à trois semaines. La cire chaude est déconseillée en cas de mauvaise circulation du sang mais, à votre âge, ce genre de problème est très rare.

Pour se débarrasser de certains poils disgracieux et mal placés, comme les poils situés parfois sur la lèvre supérieure, l'idéal est l'épilation définitive : le poil est enlevé à sa racine avec une minuscule aiguille électrique (ou brûlé avec un laser, mais cette méthode est moins efficace que la première) et ne repousse pas. Cette technique se pratique obligatoirement chez un dermatologue et coûte environ 100 euros l'intervention d'une heure : hélas, cette méthode nécessite plusieurs séances car on ne peut ôter que des petites surfaces de poils à chaque fois (de l'ordre de 10 à 15 cm sur les jambes), et elle revient donc très cher ! Si vous commencez une épilation électrique sur les jambes, comptez environ deux ans pour être définitivement débarrassée de vos poils. En effet, il faut espacer les séances de deux à trois mois, de façon à permettre aux poils de bien pousser pour en venir facilement à bout. Armez-vous de patience, cela vaut le coup !

## J'ai quelques poils sur le visage. Dois-je les raser tout de suite ?

En moyenne, la barbe et la moustache poussent vers 14-15 ans, rarement plus tôt. La plupart du temps, quand ils commencent à se raser, les garçons utilisent un rasoir mécanique (jetable ou non) pour apprendre à mieux doser leurs gestes et éventuellement se dessiner des pattes ou une barbichette originale. Mais le rasage est une affaire strictement personnelle et d'autres pourront préférer les rasoirs électriques pour aller plus vite car ils auront un peu moins peur de se couper. Si votre épiderme est très sensible ou si vous avez de l'acné, servez-vous d'un blaireau et de savon à barbe, vous passerez plus de temps à vous raser mais ce sera plus doux et vous n'écorcherez pas vos boutons. Vous pouvez aussi utiliser de la mousse à raser qui assouplit le poil et facilite le rasage. Dans tous les

cas, rasez-vous toujours dans le sens inverse du poil, c'est plus facile et beaucoup plus efficace, puis rincez votre visage à l'eau chaude.

Attendez que votre peau soit bien sèche pour appliquer une lotion ou une crème hydratante. Tous les hommes ne le font pas. Dommage car, comme les filles, leur peau est fragile et elle a besoin d'être hydratée. Si vous prenez l'habitude de faire ce geste à l'adolescence, il deviendra un automatisme à l'âge adulte et évitera que vous ayez le visage qui tire. En revanche, ne mettez pas d'après-rasage si vous avez de l'acné : beaucoup contiennent de l'alcool qui risque d'enflammer vos boutons. Pensez aussi à bien nettoyer votre rasoir après usage. Si votre rasoir mécanique n'est pas jetable, changez de lame régulièrement pour qu'elle reste propre.

# 10 Miroir, mon beau miroir...

## Complexes

### Mes seins sont minuscules !

La taille de la poitrine est la grande préoccupation des filles à la puberté. Les seins commencent à pousser en général un ou deux ans avant la survenue des règles. Une boule se forme sous les mamelons, c'est la glande mammaire. Chez certaines filles, celle-ci grossit très rapidement alors que, chez d'autres, le processus est beaucoup plus lent. On estime qu'il faut au moins quatre ans pour que les seins atteignent leur taille définitive.

Si vous êtes complexée d'avoir une petite poitrine, dites-vous que les critères de beauté varient d'une époque et d'une culture à une autre. Dans l'Antiquité, par exemple, les Grecs et les Romains, reconnus par ailleurs pour vénérer les belles choses, n'étaient pas sensibles aux gros seins. Et ceux qui figurent sur les fresques de Pompéi, en Italie, sont petits et discrets. Quant aux garçons, s'ils vous traitent de « planche à pain », c'est qu'ils ne sont pas très malins. Honnêtement, ce qui les attire chez une fille, c'est un sentiment d'ensemble et pas seulement la poitrine, ou alors c'est qu'ils ne sont pas très intéressants et qu'il vaut mieux passer votre chemin. Et puis, vous connaissez sûrement des filles qui ont une forte poitrine et qui sont tellement complexées qu'elles portent des vêtements très larges pour la dissimuler. Comme quoi, les appréciations en la matière sont vraiment subjectives !

## Mon pénis est-il assez grand ?

Comme les filles avec leur poitrine, la question taraude tous les garçons à la puberté, et même après. Pour les hommes, en effet, le pénis est plus qu'un organe sexuel, c'est aussi un symbole de virilité. Aussi, pour vous rassurer, vous n'hésitez pas à vous comparer à vos copains. Mais l'apparence est parfois trompeuse : certains garçons ont un petit pénis au repos qui s'allonge beaucoup quand il est en érection, d'autres au contraire en ont un grand qui n'augmente pas énormément en érection. De plus, il faut du temps pour qu'il atteigne sa taille définitive : généralement, votre pénis commence à s'agrandir vers 12 à 14 ans et continue à se développer jusqu'à 17-19 ans.

Pour avoir un repère, sachez qu'un pénis en érection mesure généralement de 14 à 15 cm. C'est une moyenne : il y en a donc des plus courts et des plus longs. On estime qu'il y a un problème quand la verge n'excède pas 8 cm en érection. Le terme médical utilisé est alors « micropénis ». Cela arrive de temps en temps quand le garçon ne sécrète pas suffisamment d'hormone mâle. Il faut alors se faire faire des piqûres de testostérone afin que le sexe retrouve une taille suffisante pour avoir une sexualité épanouie. Mais si vous pensez que plus votre sexe est grand plus vous serez performant sexuellement, vous avez tout faux : sa taille n'a rien à voir avec le plaisir que vous aurez ou que vous donnerez à votre partenaire. L'acte sexuel est plus une affaire d'émotions, de caresses, de regards, de partage qu'une prouesse technique.
Enfin, ne vous inquiétez pas si votre pénis en érection penche vers la gauche ou vers la droite : pratiquement aucun homme n'a le sexe droit.

## Puis-je avoir recours à la chirurgie esthétique à mon âge ?

Vous trouvez votre nez énorme, ou bien ce sont vos oreilles décollées qui vous gênent, ou encore votre poitrine que vous jugez trop petite… Si vraiment vous êtes mal dans votre peau à cause de ça, vous pouvez vous faire opérer à condition d'avoir le consentement écrit de vos parents si vous êtes mineur. Mais, avant d'entreprendre une telle opération, réfléchissez-y à deux fois : se faire opérer

n'est pas une décision qu'il faut prendre à la légère, ne serait-ce que parce qu'elle nécessite une anesthésie générale.

Pour prendre votre décision, une fois que vous avez obtenu l'accord de vos parents, consultez d'abord un chirurgien en vous adressant à une association de professionnels (on les trouve sur Internet) et, éventuellement, à une association d'anciens patients de la chirurgie esthétique (aussi sur Internet) pour être sûr d'avoir les meilleures informations possibles et les bonnes adresses. Ensuite, posez toutes les questions qui vous préoccupent au chirurgien et demandez-lui le plus de détails possibles sur l'opération (douleurs, cicatrices, ratages éventuels, coût, etc.). Sachez que lorsque votre poitrine est trop volumineuse et vous cause d'affreuses douleurs dorsales, la Sécurité sociale rembourse l'opération car celle-ci est justifiée par des raisons médicales et non pas purement esthétiques. Pour réduire votre poitrine, le chirurgien vous enlèvera une partie de la glande mammaire en vous incisant autour du mamelon. Il vous en coûtera au moins 3 000 euros et vous devrez rester à l'hôpital entre vingt-quatre et quarante-huit heures.

# Le cœur a ses raisons

## Amour

11

### Comment savoir si je suis amoureux ?

C'est simple, le jour où vous serez vraiment amoureux, que vous soyez fille ou garçon, vous ne vous poserez plus la question ! Vous le sentirez à plein de petits détails. Vous qui ne pensiez qu'à vos devoirs, vous vous mettrez soudain à décrocher un peu, à avoir la tête en l'air. L'état amoureux à ceci de particulier qu'il envahit notre esprit. Vous vous endormez et vous vous réveillez en pensant à l'élu de votre cœur. Vous le trouvez génial. Il est le plus beau de la Terre. Vous avez toujours envie d'être

avec lui parce que vous êtes bien ensemble. Il vous attend à la sortie du collège et rien qu'à cette idée, vous avez le cœur qui bat. Vous qui ne juriez que par vos copines, vous préférez maintenant être seule avec lui. Vous lui téléphonez tout le temps pour entendre le son de sa voix. Vous vous sentez joyeuse, sereine, car l'amour est quelque chose de merveilleux qui remplit de joie et permet de soulever des montagnes.

## Se remet-on d'un chagrin d'amour ?

Quelques semaines, quelques mois… Ce qui est sûr, c'est qu'il finit toujours par passer. Au début, vous êtes tellement triste et malheureux que vous vous dites que c'est la fin du monde. Que vous ne réussirez jamais à surmonter cette épreuve. Pourtant, tout doucement, votre chagrin va s'estomper,

vous allez commencer à penser à autre chose et même peut-être à quelqu'un d'autre. Parfois, quand les personnes sont restées longtemps ensemble, c'est un peu plus long. De toute façon, se séparer de quelqu'un qu'on aime ou que l'on a aimé n'est jamais drôle. Vous allez vous poser mille questions, surtout si c'est l'autre qui vous quitte. Lorsqu'on est amoureux de quelqu'un, on ne comprend pas pourquoi l'autre ne nous aime plus. Vous vous demandez ce que vous avez fait ou dit de mal pour lui déplaire. Parfois même vous perdez confiance en vous et vous pensez que vous êtes vraiment nul et moche. Bien sûr, ça n'a rien à voir avec cela. Le fond de l'histoire est que vous n'étiez pas faits l'un pour l'autre, c'est tout. Ce n'est pas toujours facile de l'admettre à l'adolescence parce qu'on est idéaliste et que les attachements sont vraiment intenses.

Dans tous les cas, si vous vous sentez trop mal, n'ayez pas honte de demander de l'aide à quelqu'un qui saura vous écouter et auprès de qui vous pourrez pleurer. Ça fait du bien. Pensez-y. Surtout vous, les garçons, car souvent vous n'osez pas dire vos malheurs de peur de passer pour des faibles. Au contraire, c'est une force de reconnaître ses limites. Et puis, vous vous sentirez mieux après et vous serez de nouveau prêt à faire de nouvelles rencontres.

## Ça existe, le grand amour ?

Bien sûr ! C'est comme un ouragan qui vous bouleverse corps et âme. On se dit : « C'est l'homme ou la femme de ma vie. » On a l'impression d'avoir trouvé sa moitié. C'est magique. Cela vous arrivera sûrement : vous aimerez si profondément l'autre, vous serez tellement porté par cet amour-là, que vous penserez qu'il est impossible de vivre sans lui. Pour marquer cette union merveilleuse qu'on voudrait voir durer toute la vie, certains couples se marient, d'autres vivent ensemble sans passer devant le maire. Peu importe, ce qui compte quand on rencontre le grand amour, c'est de s'engager mutuellement. Pour le meilleur et pour le pire, comme on dit.

## Suis-je homosexuel ?

On ne se lève pas un beau matin en se disant : « Tiens, je crois que je suis homosexuel ! » Certains homosexuels assurent s'être sentis attirés par les personnes du même sexe très tôt dans l'enfance, vers 6-7 ans. Pour d'autres, c'est un peu plus tard dans l'adolescence, vers 18-20 ans, que les préférences amoureuses se dessinent. En la matière, rien n'est déterminé à l'avance et il y a des hommes et des femmes qui découvrent leur homosexualité à 30 ou 40 ans. Pour certains d'entre vous, le doute s'insinue à partir de la puberté car c'est à ce moment-là que les premiers désirs vous envahissent. Et ils sont parfois ambivalents. Cette oscillation est naturelle car vous êtes entre l'enfance et l'adolescence, le connu et l'inconnu. Pour peu que vous ayez une amitié exclusive avec un garçon ou une fille comme vous et qu'un jour vous ayez envie d'avoir une relation sexuelle avec lui ou elle pour essayer, il est probable que ce flou subsiste un moment. Ne vous inquiétez pas, vous finirez bien par savoir.

Que vous ayez testé ou non l'hétérosexualité, que vous ayez refoulé ou non ce que vous croyez être mal, si votre attirance pour les personnes du même sexe devient évidente et persiste dans le temps, si vous vous sentez mieux en leur compagnie, si vous en tombez amoureux et que vous avez envie de faire l'amour avec elles, alors c'est sans doute que vous êtes homosexuel(le). Vous n'êtes pas le premier (ou la première) et vous ne serez pas le dernier : 5 % des individus sont homos. Même si au départ vous ressentez comme un malaise qui vous empêche de le dire, y compris à vos parents, persuadez-vous qu'il n'y a rien de honteux à cela. Il est vrai que si, aujourd'hui, l'homosexualité est mieux tolérée par la société qu'auparavant, elle est encore loin d'être totalement admise, mais ça n'est pas pour cela que les homosexuels sont des gens bizarres ou mauvais. Ils sortent juste de la norme et peuvent du coup paraître « anormaux » de prime abord à certaines personnes qui ne connaissent aucun homosexuel.

Si vous éprouvez le besoin de parler de vos doutes, de faire le point ou d'échanger sur cette question, il existe différentes lignes d'écoute comme la Ligne Azur, par exemple, où des conseillers répondront à toutes vos interrogations du lundi au samedi de 17 à 21 heures au numéro suivant : 0801 20 30 40. N'hésitez pas à appeler.

TU NE T'INTÉRESSES PAS AUX VOITURES, NI AUX JEUX VIDÉO, NI AU FOOT, NI À LA BASTON ? TU ES PEUT-ÊTRE HOMO, ALORS ?
TU... TU CROIS ?
FRAPAR.

12

# je-tu-il-nous avons envie

## Sexualité

### J'éjacule en dormant. Est-ce normal ?

Absolument. C'est l'une des phases normales du développement de votre sexualité. À la puberté, vos pulsions augmentent : vous avez des désirs que vous ne pouvez pas assouvir et, par moments, vous avez très envie de faire l'amour, mais comme vous n'avez pas encore d'activité sexuelle, vos érections se produisent spontanément la nuit. Même si vous ne vous en souvenez pas, elles font généralement suite à un rêve érotique et vous éjaculez sans vous en rendre compte. Les garçons parlent souvent de « rêve mouillé » car c'est l'humidité de leur drap ou de leur pyjama qui les réveille et leur fait prendre conscience de ce qui s'est passé. Vous pouvez avoir plusieurs érections nocturnes suivies ou non d'une éjaculation, et ce plusieurs fois par semaine.

## Est-ce que tous les garçons se masturbent ?

Au moins 99 % d'entre eux le font. Et c'est un comportement naturel. Avant, quand vous étiez enfant, il vous arrivait sans doute de toucher votre sexe et de sentir que ça vous procurait du bien-être mais c'était moins intense et surtout moins conscient qu'aujourd'hui. À partir de la puberté, vos hormones sexuelles s'activent et la masturbation devient une recherche volontaire de plaisir physique. Rares sont les garçons qui n'éprouvent pas la nécessité de se caresser le sexe. Car, à force de caresses, l'excitation monte jusqu'à ce qu'ils éjaculent et ressentent un immense plaisir. C'est ce qu'on appelle l'orgasme. N'ayez pas honte. Il n'y a aucun mal à cela. La masturbation vous permet d'assouvir vos pulsions sexuelles, très fortes à votre âge, mais également d'apprendre à connaître votre corps. Plus tard, quand vous serez un homme, vous continuerez à vous masturber mais peut-être moins fréquemment, car vos élans sexuels seront un peu moins forts – n'oubliez pas que vos hormones se calment après la puberté – et surtout parce que votre vie sexuelle sera sûrement plus épanouie que maintenant.

## Une fille peut-elle se masturber aussi ?

Bien sûr. Les filles aussi se masturbent. On n'en parle pas car c'est encore plus tabou que pour les garçons. Jusqu'à il y a peu de temps, en effet, le plaisir féminin n'était pas considéré comme important. Il a fallu la libération des femmes à partir de mai 1968 pour faire évoluer les mentalités. Pourtant, comme les garçons, à la puberté les filles sont traversées par des désirs sexuels irrépressibles. Il n'est donc pas surprenant que vous ayez envie de vous caresser le clitoris et le vagin, de la même façon qu'un garçon stimule son pénis. C'est pour vous aussi une manière d'apprivoiser votre corps et un bon apprentissage de la sexualité.

## J'ai envie de faire l'amour. C'est normal ?

Le seuil de la puberté franchi, il n'y a rien de plus normal que d'être attiré par l'autre. Vos hormones sexuelles sont en ébullition, ce qui exacerbe vos pulsions. De là à passer à l'acte, c'est autre chose. Si vous êtes physiologiquement prêt à avoir un rapport sexuel, vous ne l'êtes pas toujours psychologiquement. Demandez-vous si c'est par curiosité, attirance physique ou véritable amour que vous en avez envie. Pour faire l'amour, il faut être prêt dans son corps et dans sa tête. L'acte sexuel est quelque chose de très intime, qui exige de la maturité. L'amour se fait à deux, c'est un échange. Il faut apprendre à se connaître avant. Alors, ne vous précipitez pas ! Certaines filles se croient parfois obligées de coucher avec leur petit copain de peur qu'il ne les quitte. C'est dommage car, pour être épanouie, la sexualité doit être libre. Elle ne doit faire l'objet d'aucun chantage ni d'aucune contrainte. Alors, soyez patient : l'âge du premier rapport sexuel se situe en moyenne à 17 ans.

# 13 Sortez couverts !

MST

## J'ai peur d'attraper le sida. Comment me protéger ?

Vous avez raison d'avoir peur : ce virus est particulièrement dangereux car il anéantit les défenses immunitaires. Résultat, le corps ne peut plus lutter contre les infections et le moindre rhume peut alors se transformer en pneumonie et, dans le pire des cas, entraîner la mort.

Heureusement, les modes de transmission du sida sont bien connus, ce qui permet de s'en protéger de manière sûre et facile. Le virus VIH (virus de l'immunodéficience humaine) se transmet par le sang, le sperme et les sécrétions sexuelles, mais en aucun cas autrement. Vous ne risquez donc rien en embrassant un garçon ou en lui serrant la main…

En fait, la seule manière de se protéger efficacement du sida est d'utiliser un préservatif à chaque rapport sexuel et de faire attention à ne pas se blesser avec une seringue qui a pu être utilisée par une personne contaminée.

« Sortez couverts ! » L'utilisation du préservatif est indispensable même si vous prenez la pilule, car celle-ci préserve d'une grossesse mais absolument pas du sida, ni des autres maladies sexuellement transmissibles (MST). Car, attention, un seul rapport non protégé et vous pouvez être infecté ! Et en la matière, hélas, vous ne pouvez être sûr de personne, car la séropositivité (qui indique que le virus a été repéré dans le sang) ne provoque aucun trouble visible pendant des années après son apparition dans l'organisme. On peut donc être malade et ne pas s'en douter une seconde, jusqu'au jour où la maladie se déclare. Alors, même si vous avez l'impression de bien connaître votre partenaire, n'ayez pas peur de refuser de faire l'amour sans préservatif. Ce n'est pas une manière de le rejeter ou un manque de confiance en lui ; c'est la preuve que vous êtes mûr et que vous savez prendre vos responsabilités. Si votre relation se stabilise, après quelques mois, vous pouvez envisager de faire chacun un test de dépistage. S'il est négatif, vous pourrez alors ne plus mettre de préservatif.

Avant tout, ce qu'il est important de comprendre c'est que le sida demeure une maladie très grave que les médecins ne savent toujours pas guérir, même si depuis la découverte des trithérapies les malades ont une espérance de vie plus longue. Alors, si vous avez le moindre doute, n'hésitez pas à faire un test de dépistage. D'autant que ces traitements sont plus efficaces s'ils sont commencés tôt après la contamination. Il existe des centres de dépistage anonymes et gratuits dans toutes les villes. Si vous avez le sentiment de courir un risque important, par exemple si vous avez été victime d'un viol, vous pouvez aussi vous rendre dans les quarante-huit heures aux urgences de l'hôpital le plus proche de chez vous. Un traitement antiviral vous sera administré pendant un mois pour essayer de lutter contre la contamination. Pour toute information, vous pouvez appeler gratuitement et anonymement Sida Info Service vingt-quatre heures sur vingt-quatre au 0800 840 800.

## À quel moment de l'acte sexuel faut-il mettre un préservatif ?

Il faut le mettre dès le début de l'érection et non pas au dernier moment. Les sécrétions sexuelles peuvent être contaminantes sans pour autant qu'il y ait eu éjaculation. Mieux vaut donc être prudent.

Pour mettre un préservatif, il suffit de le dérouler délicatement sur votre pénis en érection jusqu'en bas en prenant soin de le pincer à l'extrémité. Le but du jeu est que le sperme reste emprisonné à l'intérieur du préservatif et ne se répande pas dans le corps du partenaire. Mais attention : le préservatif est en latex très fin, il peut se déchirer facilement. Alors, prenez garde à ne pas le couper avec vos ongles en le sortant de sa pochette ou en l'enfilant. N'oubliez pas non plus qu'un préservatif ne s'utilise qu'une seule fois et qu'il faut en mettre un différent à chaque nouveau rapport sexuel. Pas question d'éjaculer plusieurs fois dans le même

préservatif, même si vous restez en érection entre les différents rapports.
Les préservatifs s'achètent sans ordonnance dans les pharmacies, les distributeurs automatiques et même dans les supermarchés. Comme la pilule, vous pouvez les obtenir gratuitement dans les plannings familiaux. Pour être sûr qu'un préservatif est fiable, vérifiez que la mention NF (Norme française) apparaît bien sur l'emballage. Sachez enfin qu'il existe un préservatif féminin, le Fémidon®, sorte de petit parapluie en polyuréthanne (matériau synthétique) que l'on pose au fond du vagin pour emprisonner le sperme. L'avantage de ce préservatif féminin est qu'il peut être mis plusieurs heures avant le rapport sexuel. L'inconvénient : sa mise en place n'est pas toujours évidente et il coûte assez cher (2 euros pièce). Il est en vente libre dans les pharmacies. Si vous mettez ce préservatif, inutile d'utiliser le préservatif masculin, il vous protégera du sida et des autres MST aussi efficacement que lui. Et en plus, vous serez maître de la situation : vous n'aurez pas besoin de négocier avec le garçon pour qu'il en mette un, lui !

## Dois-je me faire vacciner contre l'hépatite B ?

Si vous pouvez, oui. L'hépatite B est une inflammation du foie qui fait partie des MST assez courantes chez les jeunes. C'est une maladie qu'il faut prendre au sérieux car, si elle guérit dans 90 % des cas, dans 10 % elle devient chronique et peut évo-

ROMÉO, JE SUIS SÛRE QUE TU AS OUBLIÉ LES PRÉSERVATIFS !...
JE SAIS, C'EST PAS TRÈS ROMANTIQUE, MAIS SI LES FEMMES N'AVAIENT PAS LE SENS PRATIQUE...
FRAPAR.

luer vers un cancer du foie. Comme le sida, la contamination se fait par un virus, le HIB, le plus souvent lors des rapports sexuels, mais elle peut aussi se produire si vous êtes en contact avec du sang infecté (encore une fois, méfiez-vous des aiguilles souillées).

Certains médecins pensent que le virus pourrait également se transmettre par la salive au cours d'un baiser, mais ce n'est pas sûr. À la différence du sida, il existe un vaccin efficace pour se prémunir contre l'hépatite B. D'ailleurs, en 1994, la France a entamé une grande campagne de vaccination contre cette maladie en direction des enfants et des adolescents. Parlez-en avec votre médecin. La vaccination est une bonne solution pour se protéger contre cette maladie, sauf s'il y a des personnes atteintes de sclérose en plaques dans votre famille, car certaines personnes ayant des antécédents fami-

liaux de ce type ont déclaré cette maladie après avoir été vaccinées.

## Y a-t-il d'autres MST dont je dois me méfier ?

Oui. En particulier, la salpingite à *Chlamydia*. Celle-ci est provoquée par une bactérie, le *Chlamydia*, qui se trouve sur le sexe de l'homme ou dans le vagin de la femme. Cette infection est fréquente chez les jeunes qui oublient de se protéger avec un préservatif lors des rapports sexuels. Elle est d'autant plus contagieuse qu'elle ne s'accompagne en général d'aucun symptôme handicapant. Néanmoins, si vous êtes une fille et que vous avez des pertes jaunâtres, allez vite consulter un médecin. De même si vous êtes un garçon et que ça vous brûle en urinant ou qu'un liquide plus ou moins jaune s'écoule de votre pénis.

Prise au début, cette maladie se soigne très bien avec des antibiotiques. En revanche, si on la laisse s'installer, elle peut être grave pour les filles puisqu'elle peut les rendre stériles. Cette bactérie est particulièrement vicieuse : elle se cache dans les trompes (conduit qui s'étend vers l'ovaire et qui permet le passage des spermatozoïdes) et les bouche, empêchant le spermatozoïde qui vient de l'utérus de rencontrer l'ovule. Aujourd'hui encore, de nombreuses jeunes femmes désireuses d'avoir un enfant et n'y parvenant pas apprennent dans le cabinet du gynécologue qu'elles ont eu un *Chlamydia*, en toute ignorance.
L'herpès génital est une autre MST qui se transmet lors des rapports sexuels. Vous connaissez sans doute l'herpès labial, ce douloureux « bouton de fièvre » comme on le nomme habituellement, qui apparaît sur la lèvre quand on est fatigué. Tous les

13

deux sont de la même famille et ils sont très contagieux. Alors, si vous avez un herpès sur la bouche, abstenez-vous d'embrasser le sexe de votre partenaire, vous pourriez lui transmettre le virus. Chez les filles, l'herpès génital se traduit par des vésicules (sorte de petits boutons groupés) qui apparaissent sur la vulve en quelques jours et des brûlures qui surviennent en urinant. Chez les garçons, les vésicules se forment sur le gland, rendant également l'action d'uriner douloureuse. On estime qu'en France environ deux millions de personnes sont atteintes d'herpès.

Ce virus est très embêtant car une fois que vous avez été infecté, il restera dans votre organisme pour toujours. Il existe des médicaments pour le soigner au moment des crises, mais il suffit d'un coup de fatigue pour qu'il réapparaisse et vous empoisonne la vie.

Enfin, une autre MST doit vous inciter à mettre un préservatif le jour où vous aurez un rapport sexuel : la syphilis. Cette maladie qui avait quasiment disparu fait actuellement un retour en force. Elle se caractérise par une petite lésion sur les organes génitaux due à une bactérie (le tréponème pâle), souvent indolore. À ce stade, les antibiotiques sont efficaces. Mais si vous ne vous apercevez de rien – comme cela arrive, malheureusement, dans 50 % des cas –, la bactérie continue à faire des ravages en s'attaquant en silence à votre système nerveux, votre cœur, vos os ou vos yeux, et cela de façon irréversible.

14

# Savoir gérer, toujours

## Contraception

### Je voudrais prendre la pilule. Est-ce possible à mon âge ?

Si votre histoire d'amour avec votre petit copain dure depuis un moment déjà et que vous avez tous les deux envie d'aller plus loin, alors oui, vous pouvez prendre la pilule (mais n'oubliez pas aussi le préservatif !). À partir du moment où vous avez vos règles, vous pouvez être enceinte dès votre premier rapport sexuel. Sachez qu'actuellement une fille sur deux n'utilise pas de contraception lors de son premier rapport et que 3 000 adolescentes se retrouvent enceintes accidentellement chaque année en France ! Il existe plusieurs moyens de contraception, mais la pilule est le plus utilisé. Grâce aux hormones chimiques qui la composent, elle empêche l'ovule de s'échapper de vos ovaires et de croiser un spermatozoïde sur son parcours. L'ovulation étant ainsi bloquée, vous ne courez aucun risque de grossesse. La pilule est très efficace si vous l'utilisez convenablement. Elle se présente sous la forme d'une plaquette de vingt et un comprimés. Il faut en avaler un par jour, à heure régulière. Vous arrêtez ensuite pendant sept jours, la semaine de vos règles, puis vous recommencez. À l'adolescence, la prise de la pilule est recommandée car, outre le fait de ne pas risquer d'avoir un bébé non désiré, elle a l'avantage de régulariser votre cycle : vous avez vos règles à la même date tous les mois et, en plus, elles sont moins douloureuses car elles sont déclenchées artificiellement.

On trouve plusieurs pilules sur le marché qui sont différemment dosées. Le médecin les connaît bien, il saura vous conseiller. Si vous la prenez régulièrement, vous devrez faire une prise de sang tous les ans pour vérifier que vous n'avez pas de cholestérol (graisse dans le sang) car celui-ci est contre-indiqué en cas de pilule. Tout comme la cigarette qui, à la longue, en association avec la pilule, peut boucher vos artères. En revanche, contrairement à certaines idées reçues, la pilule n'est pas dangereuse pour la santé et ne fait pas grossir.

À l'exception des pilules dites de « troisième génération » qui sont les plus récentes, la pilule est remboursée par la Sécurité sociale. Sachez aussi que si vous voulez prendre la pilule sans le dire à vos parents, le planning familial en délivre gratuitement et anonymement.

## C'est grave si j'oublie de la prendre ?

Il ne faut pas dramatiser mais c'est ennuyeux. Cela dit, il faut bien reconnaître que c'est arrivé à toutes les filles au moins une fois dans leur vie. La première chose à faire en cas d'oubli est de la prendre immédiatement après vous en être rendu compte. Vous disposez, en effet, d'un délai de sécurité de douze heures à partir de l'heure à laquelle vous la prenez habituellement chaque jour. Par exemple, si vous l'avez prise le soir vers 21 heures, vous avez jusqu'à 9 heures le lendemain matin pour rattraper votre oubli. Le soir, prenez la pilule suivante normalement.

## Et si j'ai eu un rapport sexuel sans contraception ?

Pour être certaine de ne pas être enceinte, vous pouvez avoir recours à la pilule du lendemain (commercialisée sous le nom de Norlevo® ou Tetragynan®). Cette contraception d'urgence est employée pour éviter une grossesse non désirée ou un avortement lorsque vous avez eu un rapport non protégé ou un accident de contraception. Vous devez impérativement la prendre dans les soixante-douze heures qui suivent votre rapport sexuel. Plus vous le faites tôt, plus elle est efficace. Depuis 2002, cette pilule est délivrée gratuitement et sans ordonnance aux mineures dans les pharmacies, les plannings familiaux et à l'infirmerie de votre établissement scolaire. La pilule du lendemain n'est pas nocive, même si vous la prenez régulièrement, mais il est impératif qu'elle reste un moyen de vous dépanner, au cas où ! Et puis, aucune pilule n'a jamais protégé du sida, alors, ayez plutôt le réflexe d'utiliser un préservatif à chaque rapport sexuel…

## Ma copine s'est fait violer. À qui peut-elle en parler ?

L'important lorsqu'on a été victime d'un viol est de le faire savoir autour de soi. Il ne faut pas vous taire même si c'est très difficile d'en parler. Le viol est une agression d'une extrême brutalité qui ne doit pas rester impunie. Si vous êtes victime d'un viol, parlez-en à vos parents ou à un adulte en qui vous avez confiance. Puis n'hésitez pas à porter plainte au commissariat de police le plus proche de chez vous. Ce sera sans doute pénible car le fait de raconter ce qui vous est arrivé vous fera revivre ce traumatisme, mais c'est le seul moyen pour que justice vous soit rendue. Vous serez aussi examinée par un médecin qui constatera le viol et, éventuellement, les sévices (brûlures, hématomes…). Pour surmonter cette terrible épreuve, faites-vous suivre par un gynécologue : il faut vérifier que vous n'êtes pas enceinte et que votre agresseur ne vous a pas transmis une maladie sexuellement transmissible.

N'hésitez pas non plus à vous faire aider par un psychologue pendant quelque temps. Il est important que vous ayez conscience du fait que vous êtes une victime et que vous avez le droit de porter plainte. Surtout, dites-vous bien que, même si vous avez tendance à culpabiliser, ce n'est pas de votre faute. Il est important pour votre future vie d'adulte de comprendre que personne n'a le droit de disposer de votre corps si vous n'en avez pas envie.

Sachez enfin que, même lorsqu'il n'y a pas pénétration dans le vagin (ce qui définit le viol dans la loi), vous pouvez et devez porter plainte. Un garçon qui vous force à lui toucher le sexe ou à le mettre dans votre bouche commet également une agression sexuelle contre vous et il est essentiel qu'il soit puni pour cela.

## Mon père m'oblige à toucher son sexe. Comment lui faire comprendre que je ne veux pas ?

Ce n'est pas à lui que vous devez demander d'arrêter, mais aux autres qu'il faut le dire. L'inceste, c'est-à-dire quelqu'un qui oblige un membre de sa famille à avoir des relations sexuelles avec lui, est l'œuvre d'une personne malade qui ne pourra pas se contrôler, même si vous lui expliquez que vous n'aimez pas ça. Il s'agit d'abord et avant tout d'un crime puni par la loi. Votre corps vous appartient et vos proches doivent vous respecter. Lorsqu'une personne incestueuse essaie de vous persuader qu'elle a une conduite normale, soyez certain qu'elle dit cela uniquement pour vous obliger à lui céder. Non seulement sa conduite n'est pas normale, mais elle est sanctionnée par la prison, car il s'agit d'une agression sexuelle.

Si vous êtes victime d'inceste, il est important que vous trouviez le courage d'en parler. Même si ça n'est pas facile. Beaucoup de jeunes qui subissent des agressions sexuelles de la part d'un membre de leur famille n'osent pas le faire savoir : par peur de ce qui arrivera à cet adulte qu'ils aiment parfois malgré tout, par honte de ce qu'ils ont accepté de faire, par crainte de ne pas être crus. Pourtant, ce ne sont pas eux les coupables. Ils sont les victimes : ils subissent des agressions répétées que personne n'a à subir et qui, s'ils ne réagissent pas, risquent de les marquer pendant longtemps, même lorsqu'ils sont devenus adultes. En faisant cesser ces agressions, vous retrouverez confiance en vous et dans les autres, puisque vous constaterez que l'on ne peut vous agresser sans être puni pour cela.

Si vous ne savez pas à qui vous adresser pour en parler, il existe des associations et plusieurs numéros de téléphone gratuits où des personnes pourront vous aider car ils connaissent bien le problème : le 119 (Enfance maltraitée) et le 0800 05 41 41. N'hésitez pas à les contacter.



## Un pédophile, qu'est-ce que c'est ?

La pédophilie, elle aussi, est punie par la loi. On parle de pédophilie lorsqu'une personne adulte force un mineur à avoir des relations sexuelles avec lui. Vous avez sûrement entendu parler d'affaires de ce genre à la télévision (l'affaire Dutroux en Belgique, par exemple) car, heureusement, aujourd'hui, les pédophiles sont dénoncés et condamnés.

Sans vous méfier de tout le monde, sachez que les actes de pédophilie sont la plupart du temps commis par un membre de l'entourage de la victime : un oncle, un voisin, un ami des parents… Alors, si un adulte vous attaque, vous fait des propositions qui vous semblent malhonnêtes ou a une attitude bizarre envers vous, même s'il s'agit de quelqu'un que vous connaissez bien et qu'il vous dit que c'est un acte de tendresse normal, parlez-en à vos parents. Racontez-leur dans le détail ce qui vous est arrivé, même si c'est difficile. Il se peut que vos parents vous posent beaucoup de questions. C'est normal : ils seront d'abord aussi surpris que vous

de savoir que quelqu'un qu'ils connaissent ait pu agir ainsi et auront besoin d'être certains que ce que vous dites est vrai pour porter plainte contre lui.
Si toutefois ils ne vous croyaient pas, ne renoncez pas pour autant : parlez-en à votre médecin de famille ou à un adulte en qui vous avez confiance ; on finira certainement par vous croire et une procédure sera engagée pour punir votre agresseur. Comme cela, il ne pourra pas s'en prendre à d'autres enfants, car, c'est reconnu, les pédophiles récidivent toujours. Alors, si vous ne le faites pas pour vous, portez plainte au moins pour éviter à d'autres de vivre ce que vous avez vécu...

16

# Le bonheur, ça s'apprend

## États d'âme

### Parfois, je me sens déprimé. Suis-je malade ?

Non, vous n'êtes certainement pas malade mais vous avez sûrement un petit coup de blues. Le cafard, quoi ! Ne paniquez pas, ce passage à vide va probablement être de courte durée. Il est fréquent à la puberté, période à laquelle il vous faut assurer sur tout : les changements physiques et psychiques, les désirs amoureux, le collège, les parents. Du coup, vous avez parfois du mal à prendre du recul et, selon vos états d'âme du moment, tout vous fatigue ou vous énerve, vous êtes irritable, vous pleurez... Bref, vous avez le moral à zéro. Si, pour couronner le tout, vous avez mal tantôt à la tête tantôt au ventre ou au dos, cela signifie que vous somatisez. Votre corps parle à votre place : il dit que ça ne va pas. Pour récupérer la forme au plus vite, n'hésitez pas à consulter un médecin. Dans un premier temps, il vous prescrira du magnésium et de la vitamine C pour lutter contre le stress et la fatigue. Dans la majorité des cas, c'est suffisant pour vous redonner un coup de fouet. La pratique du yoga ou de la relaxation peut aussi vous aider à mieux maîtriser vos émotions négatives et à évacuer vos tracas. Mais si, malgré cela, vous continuez à vous sentir très malheureux, le mieux est de consulter un psy pour comprendre ce qui se passe dans votre tête. Vous pourrez lui raconter librement vos soucis et, en quelques séances, désamorcer le problème responsable de votre état.

## Mais si, en plus, je suis angoissé ?

L'anxiété, qui se traduit par une peur excessive face à une situation particulière, est un phénomène naturel quand elle est ponctuelle. Il est tout à fait normal, par exemple, d'avoir une boule à l'estomac ou la colique la veille d'un examen, d'un changement de collège ou même d'un rendez-vous amoureux. Nous sommes tous angoissés face à l'inconnu. C'est même positif car cela nous oblige à nous dépasser, à faire face pour avancer dans la vie. En revanche, si votre angoisse dure plus de quinze jours d'affilée et qu'elle commence à vous empêcher de dormir, c'est que ça ne va vraiment pas. C'est plutôt rare avant 15 ans mais prenez l'avis d'un médecin car il se pourrait que vous souffriez d'une dépression. Ce trouble n'a rien à voir avec un coup de cafard. C'est une vraie maladie qu'il faut prendre au sérieux. On la reconnaît à plusieurs signes majeurs : résultats scolaires en baisse, repli sur soi, troubles alimentaires et du sommeil, angoisses répétées, tristesse, voire idées suicidaires… Ces symptômes peuvent être plus ou moins importants et plus ou moins masqués, c'est pourquoi il n'est pas toujours facile de repérer une dépression chez un adolescent. Les raisons de cet état sont parfois relativement évidentes : échec scolaire, séparation des parents, chagrin d'amour. Parfois aussi, elles sont à rechercher dans l'enfance : abandon, maltraitance, manque d'amour… Mais la dépression est toujours synonyme d'une grande souffrance intérieure restée tue longtemps et qui, quand elle s'exprime, signifie qu'on n'en peut vraiment plus.

Dans un premier temps, le médecin vous soignera avec des médicaments appelés antidépresseurs. S'ils sont bien adaptés, ils vous permettront de vous remettre sur les rails en un mois environ. Dès que vous irez mieux, il vous recommandera sûrement d'entreprendre une psychothérapie avec un spécialiste : vous viendrez alors parler avec lui de ce qui ne va pas lors de rendez-vous réguliers à son cabinet.

## Je pense souvent à la mort. Qu'est-ce qui m'arrive ?

À l'adolescence, les idées noires sont fréquentes. Il suffit parfois que votre petite copine vous ait plaqué pour que vous pensiez que vous ne valez rien et qu'il vaut mieux mourir. Parfois, c'est l'ambiance familiale qui vous insupporte et, à force d'entendre vos parents se disputer, vous vous réfugiez dans le silence et la mélancolie. Rien de plus normal. Vous êtes sensible et vous marquez les choses. Mais voulez-vous vraiment mourir ? Rien n'est moins sûr, surtout à la puberté où des sentiments contradictoires vous assaillent. D'ailleurs, la plupart du temps, la joie de vivre revient aussi brutalement qu'elle avait disparu. Malheureusement, il arrive aussi que les choses ne s'arrangent pas et qu'un état dépressif s'installe avec son lot d'idées suici-

daires, de repli sur soi, d'agressivité, de difficultés scolaires, de conduites à risques... Un lycéen sur quatre a déjà pensé à se suicider et, à treize ans, 8 % des filles ont déjà fait une tentative. Le suicide est la deuxième cause de mortalité chez les adolescents. Aussi, si un copain vous parle de son envie de mettre fin à ses jours, il faut le prendre au sérieux et l'écouter car le désespoir ne s'invente pas. Les tentatives de suicide sont souvent des appels à l'aide, des SOS de détresse lancés à l'entourage pour qu'il vienne à votre secours. Ils signifient que vous êtes au bout du rouleau et que vous ne pouvez pas vous en sortir tout seul. Peut-être parce que vous n'avez pas eu les mots pour dire votre souffrance ou personne pour l'entendre. Si vos idées noires vous empêchent de vivre, si vous avez déjà fait une tentative de suicide, surtout, n'hésitez pas à consulter un médecin. Il suffit souvent d'une aide professionnelle et bienveillante pour reprendre goût à la vie, et c'est tant mieux.

## Mes parents ne savent pas chez quel psy m'emmener...

Pour vous aiguiller, il faut savoir faire la différence entre les différents spécialistes du psychisme. Le psychologue est sans doute celui que vous connaissez le mieux car il y en a un dans les établissements scolaires. Il a un diplôme de psychologie mais n'est pas médecin. Ses consultations sont gratuites dans les structures publiques (écoles, centres de santé, hôpitaux, etc.). Il peut vous être utile en cas de problèmes passagers à résoudre (redoublement, difficultés à vous exprimer avec vos parents...) mais ne peut vous prescrire aucun médicament, contrairement au psychiatre qui est un médecin spécialisé.

Ce dernier peut vous donner des médicaments, c'est pourquoi le consulter est particulièrement recommandé si vous souffrez d'une dépression ou si vous présentez des troubles du comportement (anorexie, violence, etc.). En plus, ses consultations sont remboursées par la Sécurité sociale. Entre le psychologue et le psychiatre, il y a le psychothérapeute qui peut aussi bien être un médecin qu'une personne formée à la psychothérapie mais sans diplôme (dans ce cas, vous ne serez pas remboursé). Cette profession n'étant pas bien contrôlée, il vaut mieux toujours vous renseigner sur votre interlocuteur.

L'idéal est de demander conseil à votre entourage, à votre médecin ou à l'infirmière du collège. Ils vous indiqueront sûrement une bonne adresse. Le psy est une personne neutre : vous pouvez tout lui dire sans qu'il vous juge. C'est très important aussi de se sentir en confiance avec lui. Sinon, il faut en changer. Nombreux encore sont ceux qui pensent que lorsqu'on va voir un psy, c'est qu'on est fou. C'est archifaux, bien sûr. Il n'y a pas de honte à avoir besoin d'une personne extérieure pour vous aider. Au contraire, tous les médecins vous le diront : reconnaître sa douleur morale et pouvoir en parler, c'est le premier pas vers la guérison.

Connectez-vous sur :
**www.lamartiniere.fr**

Conception graphique et réalisation : Rampazzo & Associés

2, rue Christine - 75006 Paris
ISBN : 2-7324-3251-2
Conforme à la loi n° 49-956 du 16 juillet 1949
sur les publications destinées à la jeunesse
Dépôt légal : mars 2005
Imprimé en France par Pollina - L95908